Cycle 4 Nouveau programme 2016

¡Así me gusta!

Espagnol • 1re année

Cahier d'activités

Élisabeth Mazoyer
Inspectrice pédagogique régionale honoraire

Jean-Patrick Mazoyer
Certifié d'espagnol, académie de Nantes

Julien Motheré
Agrégé d'espagnol, académie de Paris

Avec la participation de

Jean-Marc Babin
Professeur coordonnateur, académie de Créteil

Belin:
ÉDUCATION

Illustrateurs : Sophie Ruffieux (p. 7, 9, 14, 17, 33, 34, 35, 46h, 57), Églantine Ceulemans (p. 6, 7, 12, 15, 20, 22hg, 38h, 39, 41, 46b, 47, 49, 50, 59), Odile Caecke (p. 13, 21, 29, 37, 45, 53, 61), Thomas Priou (p. 14h, 19, 22, 30, 31, 36, 38, 40, 43, 54, 55, 62), Éric Gasté (mascotte)

Eléments graphiques : ©iStock/Thinkstock

Couverture : (gauche) age fotostock/Pedro Salaverría - Architecte Felix Candela, (milieu-illustrations) Odile Caecke, (droite) Thinkstock/iStockphoto

Crédits photographiques : p. 4 : Mandar • p. 5hg : Corbis/Igor Emmerich • p. 5mg : Photo12/Alamy/imageBROKER/Florian Kopp • p. 5md : Photo12/Alamy/Eagle Visions Photography/Craig Lovell • p. 6hd : Nik • p. 8hd : Nik • p. 10hg : Getty Images/FilmMagic/Mindy Small • p. 10bd : AFP/Getty Images/Kevin Winter • p. 11 : Planeta • p. 12h : Photo12/Alamy/FR Images • p. 17hd : Corbis/Dusko Despotovic • p. 20d : age fotostock/Rafael Campillo • p. 25 : Reynald Montaigu • p. 26 : DR • p. 27 : Tomas Leiva • p. 28h : Photo12/Alamy/mediacolor's • p. 28b : Crocodile Entertainment • p. 30hg : ProdDB©Twentieth Century-Fox Film Corporation/Giant Studios/Lightstorm Entertainment/DR • p. 30hd : Prod DB © Marvel Studios/DR • p. 31 : Reynald Montaigu • p. 32md : Getty Images/LOOK-foto/Juergen Richter • p. 33hd : Alejandro Costas • p. 36md : Nik • p. 39b : Photo12/Alamy/Arco Images GmbH • p. 41b : age fotostock/Javier Larrea • p. 42 : Reynald Montaigu • p. 43hd : Photo12/Alamy/Revirado • p. 43bd : age fotostock/Frank Fell • p. 44h : Photo12/Alamy/myLAM • p. 44b : Photo12/Alamy/Robert Fried • p. 48hg : Photo12/Alamy/Jack Dubois • p. 48md : Renfe DR • p. 49hd : Pelo, Pico, Pata DR • p. 49bg : Photo12/Alamy/Richard Ellis • p. 50 : DR • p. 51hd : Photo12/Alamy/John Mitchell • p. 51md : Photo12/Alamy/classic/Roger Cracknell 01 • p. 51bg : Photo12/Alamy/Guillermo Lopez Barrera • p. 51bd : Photo12/Alamy/Guillermo Lopez Barrera • p. 52bg : Getty Images/CTRd • p. 54 : DR • p. 56 : DR • p. 58hg : Photo12/Alamy/Gerardo Borbolla • p. 58hd : DR • p. 58md : Corbis/Minden Pictures/Konrad Wothe • p. 58bg : Photo12/Alamy/National Geographic Creative • p. 59 : Corbis/National Geographic Creative/Cagan H. Sekercioglu • p. 60 : Photo12/Alamy/Ammit • p. 64g : Photo12/Alamy/Eagle Visions Photography/Craig Lovell • p. 64d : Photo12/Alamy/Danita Delimont/Claudia Adams

Crédits textes : p. 6, 19 : © Sebastián Piga Mena • p. 20 : © Juan Gabriel, BMG Rights Management • p. 36 : © María Isabel, Album Angeles SA, Universal Music Publishing • p. 44 : © Icíar Bollaín, Editorial Planeta • p. 118 : © www.amigosmap.com • p. 139 : © Novasur

170 bis, boulevard du Montparnasse 75680 Paris Cedex 14

ISBN 978-2-7011-9723-4

Sommaire

¡Bienvenidos!

Lección 1

¡Hola! ¿Qué tal?

MANUEL P. 12

A Complète les phrases dans les encadrés.

El perro se llama

....

Corwin .... un gato.

Es el .... de Gatomín.

Mandar, *Gatomín, el gato pirata*, 2016.

B Réponds à la question de Gatomín. Dis comment tu t'appelles et utilise les mots qui conviennent pour te présenter. Tu peux ajouter ta photo ou un dessin pour te représenter si tu veux.

un chico — una chica

Me llamo ....

....

Soy ....

¡Buenos días!

MANUEL P. 13

C Complète les bulles.

¡Hola!

¡................. días!

¡.....................

tardes!

¡Buenas ....!

D Retrouve les deux mots cachés.

FRAN — PA — CÉS — ÑOL — ES

• .... • ....

¿Quién es? MANUEL P. 14

A Certaines de ces questions et réponses sont incomplètes. Peux-tu les compléter ?

1. ¿Quién es Marta?
   → Es la .... de Alejandro y Valeria.
2. ¿..?
   → Es el padre de Alejandro y Valeria.
3. ¿Quién es ....?
   → Es el hermano de ....
4. ¿Quién es Valeria?
   → Es la .... de Alejandro.

¿Dónde viven? MANUEL P. 15

B Présente-toi : comme Víctor et Sofía, dis comment tu t'appelles, où tu habites et quelles langues tu parles. Présente une personne de ta famille ou un(e) ami(e) (*tengo un hermano / una hermana / un amigo / una amiga...*).

Me llamo ....

Hablo ....

Vivo en ....

Tengo .... que se llama ....

....

MANUEL P. 16 — INTERACTIVO

Gaturro y Ágatha

A **Observe les lettres et complète les phrases.**

1. En francés, no existe la letra ....

2. En el dibujo, faltan las letras .... y ....

Nik, Gaturro.

1. pour te conquérir
2. alors
3. non plus
4. encore moins

A, B, C, D,
es la D, la de **Día**, de De**cir**, Dia**man**te.

E, F, G, H,
es la H de ¡**Ho**la!, la de Hoy[1], la de **Hom**bre[2].

I, J, K, L,
es la L de **Li**bro, de Le**er**[3], o de **Li**bre.

M, N,
es la N de **Ni**do, la de **Nue**vo[4], de **Nu**be.

Ñ, O, P, Q, R,
es la R de **Ro**sa, de Re**ír**[5], de Ro**man**ce.

S, T, U, V,
La V de mi **Vi**da[6], de Verde y de **Ver**te...
y de Vol**ver** a **Ver**te[7].

W, X, Y, Z,
la del **Zo**rro...

Y a**sí** se a**ca**ba de **u**na vez
nuestra **lis**ta,
ya ves.

Sebastián Piga (Chileno).

1. aujourd'hui • 2. homme • 3. lire • 4. neuf, nouveau • 5. rire • 6. vie • 7. te revoir

El alfabeto

MANUEL P. 17 — MP3 PISTE 6

B **Écoute la chanson et complète.**

- El .... es simpático.
- El .... es interesante.
- El pájaro está en el ....
- La nube .... blanca.
- .... rosa es roja.
- .... zorro es astuto.

C **Complète avec les noms des couleurs.**

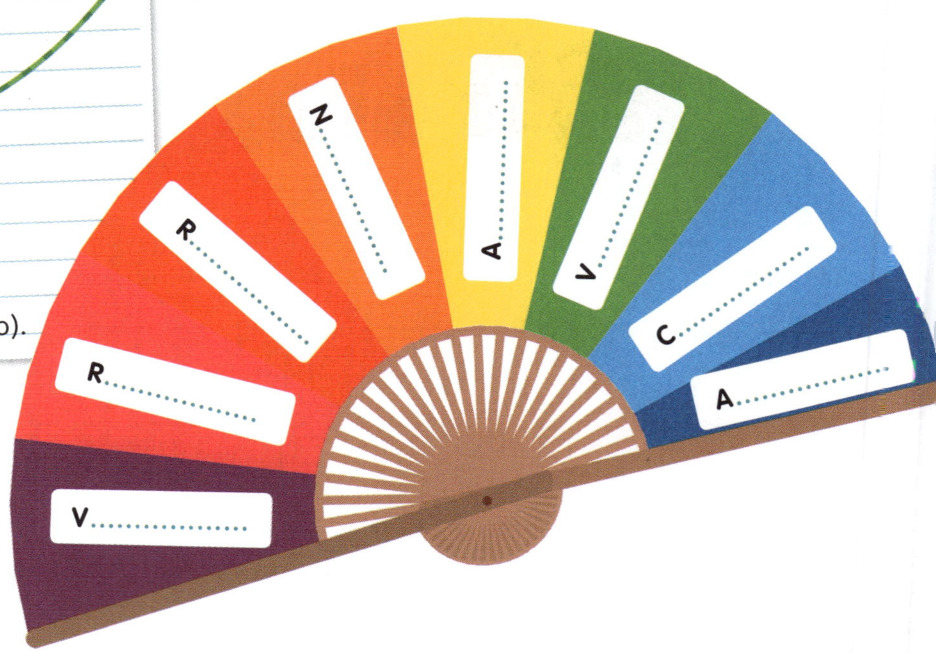

MANUEL P. 18 — INTERACTIVO

¡Bienvenidos a clase!

A **Peux-tu relier les phrases avec leur équivalent en français ?**

Por favor... ●	● *Je pense que...*
¿Qué significa la palabra...? ●	● *Il/elle n'est pas là.*
No lo sé. ●	● *Que veut dire le mot... ?*
Creo que... ●	● *Comment dit-on... ?*
¿Cómo se dice ...? ●	● *S'il vous/te plaît...*
¡No está! ●	● *Merci.*
Gracias ●	● *Je ne sais pas.*

En mi mochila

MANUEL P. 19 — INTERACTIVO

B **Écris les noms des objets suivants.**

las ....

el ....

el ....

los ....

la ....

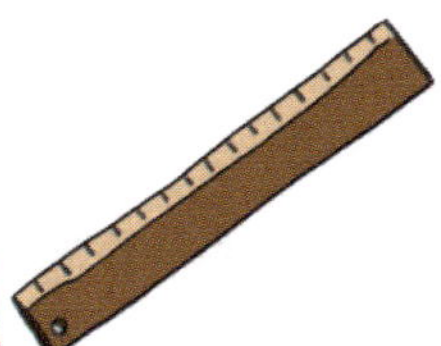

la ....

el ....

el ....

Evaluación

MANUEL P. 21 · INTERACTIVO · Vers A1

Hablar

Domaine du socle : 1

1 Je peux reconnaître des mots que j'ai appris et les prononcer correctement.

Observa el anuncio y apunta cuatro palabras que conoces. ....

....

....

....

Escuchar y comprender

Domaines du socle : 1

2 Je peux comprendre la présentation de deux personnages de bande dessinée.

Escucha la grabación e indica cuál es la frase verdadera y cuál es la frase falsa.

MP3 PISTE 10

Frase 1: ❏ Verdadera ❏ Falsa

Frase 2: ❏ Verdadera ❏ Falsa

Nik, *Gaturro*.

Escribir

Domaines du socle : 1

3 Je peux, sur internet, me présenter sur un forum où je viens de m'inscrire.

Preséntate tú también en el foro. Escribe tu presentación en tu cuaderno.

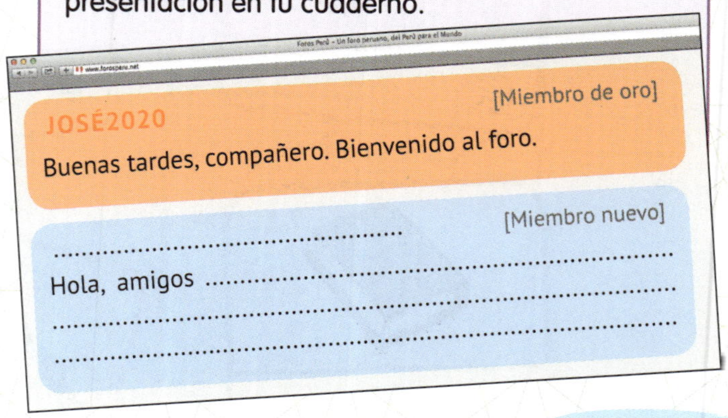

Grille d'autoévaluation

	Maîtrise insuffisante	Maîtrise fragile	Maîtrise satisfaisante	Très bonne maîtrise
Je peux reconnaître des mots que j'ai appris et les prononcer correctement.				
Je peux comprendre la présentation de deux personnages de bande dessinée.				
Je peux, sur internet, me présenter sur un forum où je viens de m'inscrire.				

En un café de Madrid

MANUEL P. 24

A Complète les phrases avec les mots suivants :

alto | tres | simpático | una | instala | guapo | saluda | dos

1. En el café, hay .... personas: .... chica y .... chicos.
2. El camarero es .... Cuando entra la chica, la .... con una sonrisa.
3. La chica se .... en el café.
4. El cliente es .... y ....

¿Cómo se llaman?

MANUEL P. 25

B Retrouve le nom de trois villes d'Espagne.

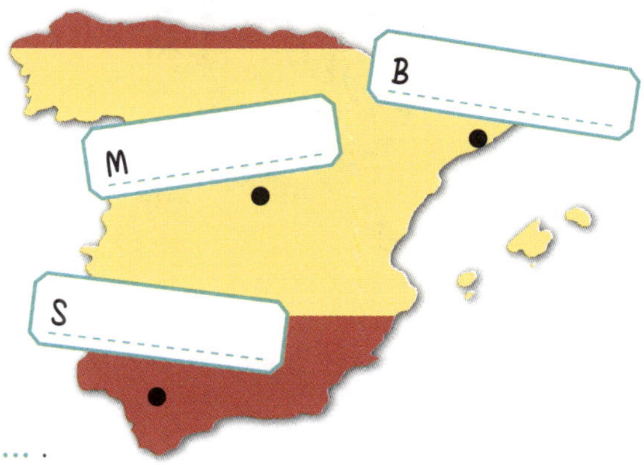

CE | SE | LLA | DRID | NA | BAR | VI | LO | MA

1. La capital de España se llama ....
2. La capital de la comunidad de Cataluña se llama ....
3. La capital de la comunidad de Andalucía se llama ....

Lengua

C Mets cette phrase au masculin.

Las dos amigas son simpáticas. ....

D Mets cette phrase au féminin.

El chico rubio y alto es camarero. ....

Una princesa latina en Disney

MANUEL P. 26 MP3 PISTE 12

A Écoute l'enregistrement et relie chacun des mots au nom qui lui correspond. Ensuite, prépare une phrase pour dire comment s'appelle chacun des amis ou parents d'Elena.

la hermana	Cici	....
el abuelo	Mateo	....
la abuela	Tito	....
el amigo	Isabel	....

B Elena vient du royaume imaginaire d'Avalor. Dans la réalité, l'un des pays suivants est aujourd'hui un royaume.

1. Sais-tu de quel pays il s'agit ?
2. Sais-tu comment s'appelle le roi de ce pays ?

☐ España ☐ Argentina ☐ México ☐ Costa Rica

Felipe VI | Enrique VIII | Antonio X | Felipe II

Retratos

MANUEL P. 27

C Les fiches des deux artistes se sont mélangées. Entoure en vert les phrases qui se rattachent à Álvaro Soler et en bleu celles qui correspondent à Zoé Saldaña.

- Una de sus habilidades: tocar el piano
- Fecha de nacimiento: 9 de enero
- Una de sus lenguas maternas: el inglés
- Oficio: cantante
- Nacionalidad: estadounidense
- Una de sus películas: *Avatar*

Lengua

D Relie les opérations et les résultats qui correspondent.

19 – 8 ○	○ doce
8 + 4 ○	○ veinte
18 – 3 ○	○ trece
10 × 2 ○	○ quince
4 × 4 ○	○ once
10 + 3 ○	○ dieciséis

La familia de Zoé

MANUEL P. 28

A Complète les fiches d'information sur la famille de Zoé.

Mamá vive en España con .... y ....

Papá vive en ....

Zoé .... una familia especial.

Nicolás es ....

Kira es ....

Matilde es .... Vive en ....

B Observe la couverture du livre et complète les phrases avec les mots suivants :

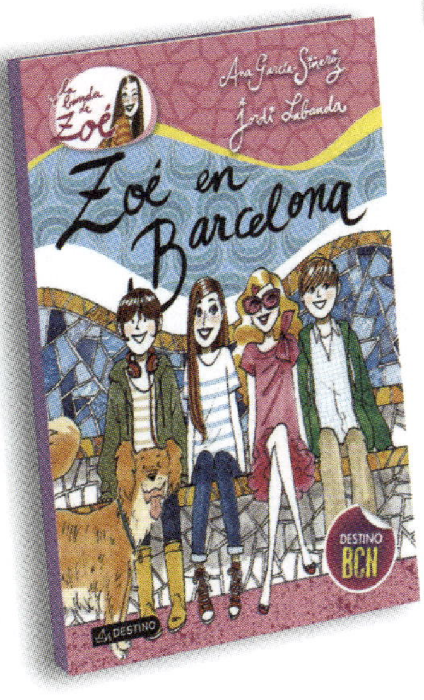

cuatro – lleva – está – castaño – sonrisa – rubio – amigas – simpáticas – azules

1. Ahora, Zoé .... en Barcelona con sus ....
2. Zoé .... unos pantalones ....
3. La amiga de Zoé que lleva un vestido rosa tiene el pelo ....
4. La amiga de Zoé que lleva una chaqueta verde tiene el pelo ....
5. Las .... chicas son ...., saludan al fotógrafo con una gran ....

¡MANOS A LA OBRA!

POR FAVOR, ¡NO MOLESTAR!

MANUEL P. 30

ANA: ¡Ay! ¡Qué bien! ¡Por fin, estoy tranquila! ¿Quién es?

JUAN: Soy yo, Juan.

ANA: Bueno, pasa.

JUAN: Hola, Ana. Por favor, ¿me ayudas?
Tengo una lección de mates muy difícil.

ANA: ¿Mates? ¡No! Ahora no...

Isabel Sanz, *El mundo de Ana*, 2013.

Teatro

✔ Je suis capable de jouer une scène.

- **Mon rôle :** ....
- **Le ton que je vais adopter :** ....
- **Comment animer la scène (bruitage, gestes, accessoires...) :** ....

Audio

MP3 PISTE 15 — INTERACTIVO — MANUEL P. 31

LA FAMILIA DE RU

✔ Je peux repérer des prénoms dans un message oral.

Écoute l'enregistrement et complète les phrases.

1. .... es el hermano .... de la chica. Tiene .... años.

Ru odia la letra ....

La madre ....

El padre ....

El otro hermano ....

COMPAÑEROS MANUEL P. 32

✔ Je suis capable de lire seul(e) et de comprendre une page de bande dessinée.

UN ENCUENTRO

A **Vignette 1**. Certaines formules de salutation ont disparu. Peux-tu les rajouter ?

B Le verbe *llamarse* a été oublié, quatre fois. Retrouve les endroits où il manque et complète.

C Le verbe *vivir* a été oublié, une fois. Retrouve l'endroit où il manque et complète.

D **Vignette 4**. Les points d'interrogation et d'exclamation ont été oubliés. Rajoute-les, à la bonne place.

E Devine, grâce au contexte, le sens des ces phrases.

¿Te llamas Sandra? Pues te llamas como mi hermana.

....

....

Santi va a estudiar en el cole, con nosotros.

....

....

Je m'autoévalue

- ☐ J'ai tout compris.
- ☐ J'ai compris le sens général.
- ☐ Je n'ai compris qu'une partie de la BD.

¡ASÍ DE FÁCIL!

MANUEL P. 33

1 El mensaje secreto

1 Sustituye cada letra por la letra que viene después en el alfabeto.

Sdmfn cnr odqqnr

....

2 Sustituye cada letra por la letra que viene antes en el alfabeto.

Ufohp ept ifsnbopt

....

2 Los intrusos

Los dibujos representan palabras que tienen 2 sílabas, excepto dos que tienen 3 sílabas. Descubre los dos intrusos.

EL L..........................

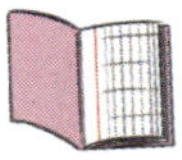

EL C..........................

LA C..........................

EL G..........................

LA G..........................

EL P..........................

3 ¡Vaya enredo!

Ordena las sílabas para formar dos palabras.

1 CO GIO LE ....

2 NO MA HER ....

4 ¿Quién es quién?

Cheli, Nacho, Charo y Chema son cuatro amigos. Pero, ¿quién es quién? Lee la descripción y di a qué nombre corresponde cada número. Explica por qué lo dices.

A Cheli
Tiene el pelo largo. Lleva pantalones azules y zapatos negros. Es alta y morena.

B Charo
Tiene el pelo rizado y rubio. Lleva una camiseta celeste y una mochila naranja.

C Chema
Tiene ojos azules. Lleva pantalones negros y una camisa verde. Es delgado.

D Nacho
Tiene el pelo negro y ojos verdes. Es alto. Lleva unos pantalones azules y una camiseta roja. Es simpático.

MANUEL P. 34

Le présent de l'indicatif du verbe *hablar*

hablar

habl...............	habl...............
habl...............	habláis
habl...............	habl...............

A **Lis chacune des phrases et dis si la conclusion te semble vraie ou fausse.**

1. Julia dice: «En Estados Unidos, hablan inglés.» → Julia es estadounidense. V | F
2. Arturo dice: «En Uruguay, hablamos español». → Arturo es uruguayo. V | F

Le présent de l'indicatif du verbe *vivir*

B **Complète le texte.**

• Le verbe ***vivir*** sert de modèle pour les verbes réguliers en -ir. Il veut dire .... et ....

C **Traduis la phrase suivante.**

Yo vivo en Madrid. Y tú, ¿vives en París? ....

Deux verbes irréguliers : *estar* et *tener*

estar

est...............	est...............
est...............	estáis
est...............	est...............

tener

ten...............	ten...............
....	ten...............
....	....

• Le verbe ***estar*** sert à dire où l'on se trouve. Il sert aussi à indiquer un état. C'est un verbe irrégulier.

D **Complète les phrases suivantes.**

1. Mi amiga .... quince años. Y tú, ¿cuántos años ....?
2. Mis hermanos y yo .... un perro que se llama Zoli.
3. Yo .... muchos amigos en el cole.

E **Le serpent avaleur de verbes a avalé six formes verbales. Retrouve-les !**

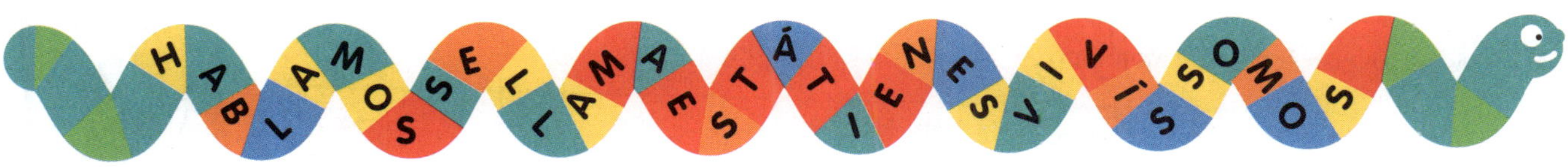

• .... • .... • ....
• .... • .... • ....

Evaluación Unidad 1

MANUEL P. 39 — INTERACTIVO — Vers A1

Leer — Domaine du socle : 1

1 Je peux comprendre un texte simple qui parle d'une famille.

Lee el texto (p. 39) y elige las frases correctas para presentar la familia de Nicole.

1. ❏ La madre de Nicole se llama Ainhoa.
   ❏ No sabemos cómo se llama la madre de Nicole.
2. ❏ La madre de Nicole trabaja en un restaurante.
   ❏ La madre de Nicole no trabaja.
3. ❏ Nicole tiene cinco hermanos.
   ❏ Nicole tiene cuatro hermanos.
4. ❏ Sus hermanos mayores viven en Lima.
   ❏ Sus hermanos mayores viven con ella.

Escuchar y comprender — Domaines du socle : 1 et 2

2 Je peux comprendre une conversation qui porte sur la famille.

MP3 PISTE 17

¿Es tu hermana?

Escucha y completa las frases.

1. Vicente tiene:
   a. ❏ 6 años b. ❏ 16 años
2. Su hermano se llama:
   a. ❏ Víctor b. ❏ Aitor
3. La hermana de Vicente es:
   a. ❏ morena b. ❏ rubia
4. Los dos hermanos tienen un nombre con …… .

Escribir — Domaines du socle : 1 et 2

3 Je peux me présenter par écrit, sur mon blog.

Redactas un blog donde te presentas a tus amigos. Indicas tu nombre y tu(s) apellido(s), tu edad; indicas también el colegio donde estudias y el lugar donde vives.

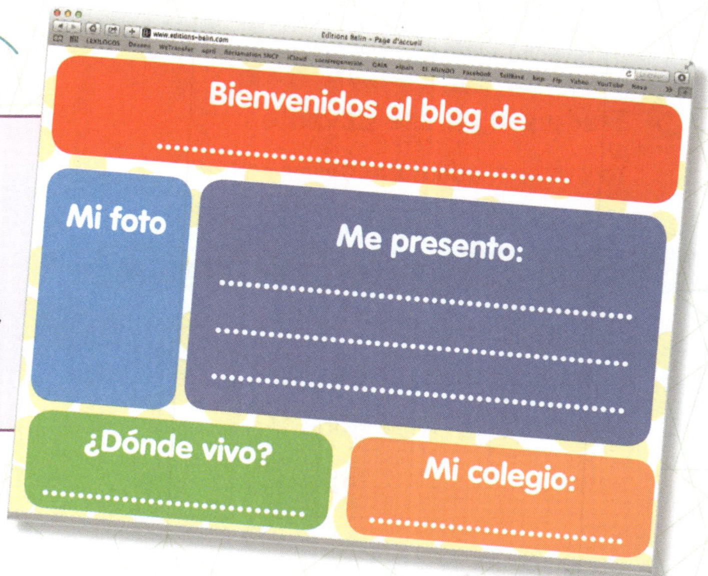

Grille d'autoévaluation

	Maîtrise insuffisante	Maîtrise fragile	Maîtrise satisfaisante	Très bonne maîtrise
Comprendre un texte simple qui parle d'une famille.				
Comprendre une conversation qui porte sur la famille.				
Me présenter par écrit, sur mon blog.				
Parler d'un acteur, d'un film ou d'une série télévisée que je connais.				
Faire la description d'une personne que j'ai rencontrée.				

Mi vida de cada día en Madrid

MANUEL P. 42

A **Dans chacune des questions que pose le journaliste à Milene il manque un mot. Lequel ?**

Periodista: ¿...................... vives?

Milene: Vivo en Madrid con Roni.

Periodista: ¿...................... es Roni?

Milene: Roni es mi hijo.

Periodista: ¿...................... entrenas?

Milene: Voy al gimnasio por la mañana.

Periodista: ¿A .... hora?

Milene: A las nueve.

Periodista: Y, ¿...................... vas al gimnasio? ¿En coche?

Milene: No, no voy en coche. Voy a pie.

cuándo · qué · quién · cómo · dónde

Milene Domingues.

El horario de Roni

MANUEL P. 43

B **Écris une légende sous chaque dessin pour répondre aux questions.**

Y tú, ¿qué haces por la mañana?

....

....

....

¿Qué haces por la tarde?

....

....

....

¿Qué haces por la tarde, después del colegio?

....

....

....

C **Le clavier de Roni ne fonctionne pas bien. Une lettre manque dans ce qu'il a écrit. Peux-tu la retrouver ?**

__ada día, mu__hos __hicos y __hicas van al __ole en __o__he __on sus padres.

Le gusta dibujar

MANUEL P. 44

A Complète les phrases, pour indiquer tes goûts. Tu peux choisir parmi les éléments indiqués.

Me gusta mucho...

Me gusta...

No me gusta mucho...

A mí, me gusta mucho ....

A mí, me gusta ....

A mí, no me gusta mucho ....

los gatos · los perros · los videojuegos · las ciencias naturales · los colores claros · las matemáticas · las vacaciones · la literatura · el inglés · los colores oscuros · ver la tele · estudiar · la música · hacer deporte · la pintura · el cine

Me gustan mucho...

Me gustan...

No me gustan mucho...

A mí, me gustan mucho ....

A mí, me gustan ....

A mí, no me gustan mucho ....

El horario de Lucía

MANUEL P. 45

B Dis quel jour et à quelle heure tu as cours d'espagnol.

1. Tengo clase de español los .... a las ....

2. También tengo clase de español ....

Lengua

C Écris l'heure qu'il est sous chacune des montres ou horloges.

....

....

....

....

Buenos días

MANUEL P. 46 — MP3 PISTE 20

(chanson)
Comienzo el lunes con energía
el martes ya es más tranquilo,
el miércoles, me acostumbro
a la semana de trabajo.
Y llega el jueves, justo en el medio
del camino de los astros.

Estribillo:
A mí me gustan los lunes
y me gustan también los martes,
pero lo que más me gusta
son los sábados y domingos
cuando por fin estoy contigo.

El viernes es la promesa
de la esperada pareja
que forman sábado y domingo.
Fin de semana, fin del esfuerzo,
pero principio del descanso.

Buenos días, siete días,
que se siguen parejos.
Siete días de la semana,
que brillan allá tan lejos.

Sebastián Piga

A **Quel est le jour préféré du chanteur ? Pourquoi ?**
Remets en ordre les mots manquants de la phrase.

ES — SÁBADOS — SEMANA — EL — LE — DE — GUSTAN — MUCHO — FIN

→ Los .... porque
....

¡Me encanta la playa!

MANUEL P. 47

B **Un de tes camarades a mis sur son blog une image de ses vacances. Réagis et dis-lui ce que tu en penses et ce que, toi, tu aimes faire en été.**

¡Hola!

....

En verano, yo ....

....

....

....

A mí, me ....

....

....

¡MANOS A LA OBRA!

Audio

MP3 PISTE 22

INTERACTIVO

MANUEL P. 48

✔ Je peux comprendre les informations essentielles dans un message oral.

¡ME ENCANTAN!

Escucha la grabación y di cuáles son las afirmaciones exactas.

1. ❏ Los dos chicos están en un mercado.
   ❏ Los dos chicos están en Madrid.
   ❏ Los dos chicos van a comprar caramelos.
2. ❏ Al chico le gustan mucho los caramelos.
   ❏ A la chica le gusta la fruta.
   ❏ A la chica le gustan mucho los caramelos verdes.

Así se dice

- el caramelo: *le bonbon*
- el mercado: *le marché*
- la fruta: *les fruits*

LO QUE ME GUSTA

Me gusta cantar,
cantarle a la vida
y a toda la gente
a mi alrededor[1].

Me gusta la lluvia
la lluvia al atardecer[2],
llegar a mi barrio[3]
cuando empieza
a anochecer[4].

Luis Miguel

1. *autour de moi*
2. *en fin de soirée*
3. *mon quartier*
4. *quand la nuit tombe*

Canción

MP3 PISTE 23

✔ Je suis capable de comprendre une chanson.

Écoute la chanson et réponds aux questions.

1. El cantante es...
   ❏ optimista
   ❏ pesimista.
2. La canción es...
   ❏ triste
   ❏ alegre.
3. El ritmo de la canción es...
   ❏ lento
   ❏ vivo.
4. La canción habla de...
   ❏ pena
   ❏ amor.
5. Al cantante...
   ❏ le gusta la lluvia
   ❏ no le gusta la lluvia.

MANUEL P. 49

MANUEL P. 50

✔ Je suis capable de lire seul(e) et de comprendre une page de bande dessinée.

EN EL AULA

A Sur cette page, on a oublié d'indiquer tout ce que dit Santi. Peux-tu compléter les bulles ?

B Que sais-tu de l'emploi du temps des amis ? Complète les phrases suivantes :

1. *Santi y Paco tienen clase de inglés los* .... *por la mañana, a las* .... *y* ....

2. *Tienen clase en el* .... *con un buen profe, el* ....

C Nita a oublié quelque chose. De quoi s'agit-il ?

- ❏ *el estuche*
- ❏ *la mochila*
- ❏ *el lápiz*
- ❏ *el bolígrafo*

Je m'autoévalue

- ❏ 😊 J'ai tout compris.
- ❏ 😐 J'ai compris le sens général.
- ❏ ☹ Je n'ai compris qu'une partie de la BD.

¡ASÍ DE FÁCIL!

1 ¡Ayuda a Lucía!

Lucía tiene poca memoria. Lee su horario (p. 45) y contesta a las preguntas de la chica.

1. No me gusta la asignatura que tengo una vez a la semana. ¿Cuál es? ....

2. Me gusta el día en que tengo clase de inglés antes del recreo. ¿Qué día es? ....

3. Dos veces a la semana, termino el día con la misma asignatura. ¿Qué días son? ....

MANUEL P. 51

2 El intruso

Entre las palabras siguientes, hay un intruso. ¿Sabes cuál es?

LA NIEVE

EL SOL

LA PLAYA

LA ARENA

3 Sopa de letras

¿Te gusta la playa? Descubre cinco palabras en relación con este tema.

4 ¡Qué disparates!

Los cuatro personajes dicen muchos disparates[1]: lee y corrige sus frases.

A francés

B mañana

C verano

D a mediodía

1. bêtises

MANUEL P. 52

Le présent de l'indicatif du verbe *comer*

comer	
com..............	com..............
com..............	coméis
com..............	com..............

A Complète la phrase suivante avec les verbes *comer* et *beber* à la forme qui convient.

1 Cuando estamos en España, nos gusta .... bien. Vamos al restaurante y .... una buena paella valenciana.

2 Cuando voy a la playa, me gusta .... una bebida fresca. Voy al bar de la playa y .... un zumo de naranja.

Utiliser le verbe *gustar*

• Le verbe *gustar* permet de parler de ce qui nous plaît, de nos goûts. Il faut faire attention aux accords.

B Complète les phrases avec les éléments qui manquent [pronom(s) ou verbe(s)] : **ti – gustan – gusta – me – nosotros**

1 A mí .... gusta mucho ir a la playa. Mi padres y yo vamos a España cada verano: a .... nos .... mucho los paisajes de la región de Barcelona.

2 Y a ...., ¿te .... hablar español?

Le verbe *encantar*

• Il est utilisé comme *gustar*. On l'utilise pour indiquer que quelque chose nous plaît vraiment beaucoup.

C Dans les phrases suivantes, remplace le verbe *gustar* par *encantar*.

A ellos les gusta visitar museos durante las vacaciones. Les gustan los cuadros que representan la naturaleza. → A ellos les .... visitar museos durante las vacaciones. Les .... los cuadros que representan la naturaleza.

Le présent de l'indicatif des verbes *ir* et *hacer*

D Complète le tableau.

	ir	hacer
....	voy	....
....	....	haces
él/ella/Ud.	va	....
................/nosotras	....	hacemos
vosotros/vosotras	vais	....
ellos/.........../Uds.	....	hacen

Evaluación Unidad 2

MANUEL P. 57 · INTERACTIVO · Vers A1

Leer — Domaine du socle : 1 et 2

1 Je peux comprendre des renseignements sur l'âge des personnages, leurs activités et leurs goûts.

Lee el texto (p. 57) y contesta.

1. Di qué edad tiene Luka y qué edad tiene Ágatha.

....

2. Di cuál de los dos amigos estudia en el instituto y cuál trabaja.

....

3. Di lo que les gusta hacer los sábados y domingos.

....

Escuchar y comprender — Domaines du socle : 1 et 2

2 Je peux comprendre les goûts de personnages présentés dans un message oral.

DOS CHICOS Y UNA CHICA

Escucha y relaciona cada personaje con lo que le gusta.

los insectos · los cómics · los idiomas · leer

Ulises · Domi · Teresa

la música clásica · aprender · ayudar a los demás

Escribir — Domaines du socle : 1

3 Je peux écrire trois phrases sur mon emploi du temps.

Di cuál es tu asignatura preferida. Di quién es el profesor y cuándo te da clase.

....

....

....

....

....

Grille d'autoévaluation

	Maîtrise insuffisante	Maîtrise fragile	Maîtrise satisfaisante	Très bonne maîtrise
Je peux comprendre des renseignements sur l'âge des personnages, leurs activités et leurs goûts.				
Je peux comprendre les goûts de personnages présentés dans un message oral.				
Je peux parler des goûts d'un personnage, dans un dessin d'humour.				
Je peux parler de ce que je fais un jour de la semaine.				
Je peux écrire trois phrases sur mon emploi du temps.				

¿Qué quieres comer?
MANUEL P. 60

A **Complète la réponse de la cliente en t'aidant des mots dans les bulles. Tu peux utiliser le verbe *querer*.**

De comer, ¿qué va a tomar?
Y, ¿para beber? ¿Qué quiere?

Primero, ...
Después ....
Para beber, ...
....

fruta · un poco de... · un zumo de naranja · agua sin gas · un helado de chocolate · pan · tortilla española · café · chorizo · ensalada verde con tomates · agua con gas · té · patatas fritas · un bistec · paella valenciana

¿Qué quieres ser de mayor?
MANUEL P. 61

B **Relie les morceaux de phrases qui vont ensemble.**

Para ser astronauta, ●	● de mayor vas a ser futbolista.
De mayor, quiero ser profesor de inglés ●	● y vamos a ser ingenieras.
Como eres un buen deportista, ●	● hay que estudiar muchísimo.
Nos gustan mucho las matemáticas ●	● porque me gusta mucho Londres.

C **L'escargot mangeur de mots a avalé six mots qui indiquent des professions. Peux-tu les retrouver ?**

- ....
- ....
- ....
- ....
- ....
- ....

Si quieres, puedo ayudarte

MANUEL P. 62

A Complète les phrases, pour résumer l'histoire. Utilise les verbes indiqués ci-dessous.

quiere · puede · es · piensa · tener · tiene · prefiere

El amigo de Ágatha, Luka, va a .... un examen de matemáticas. Ágatha .... superdotada y .... ayudarle pero el chico .... que es imposible porque la chica es muy joven, solo .... dieciséis años. Ágatha .... no insistir: no .... asustarle.

Un nuevo alumno

MANUEL P. 63

B Vrai ou faux ? Coche les bonnes réponses.

1. El nuevo alumno es inglés. Verdad | Mentira
2. Habla perfectamente alemán. Verdad | Mentira
3. Acaba de llegar de España. Verdad | Mentira
4. Entiende perfectamente el español. Verdad | Mentira
5. Hay que hablarle lentamente en inglés. Verdad | Mentira

C Entoure les deux intrus.

matemáticas · inglés · lengua y literatura · gato · francés · música · educación física · caramelo · ciencias sociales · alemán

Lengua

D Mets les phrases au singulier (change les formes verbales).

1. Como no sabemos hablar muy bien en inglés, vamos a estudiar mucho. ¡Queremos progresar!

→ Como yo no .... hablar muy bien en inglés, ... a estudiar mucho. ¡.................................... progresar!

2. ¿No entendéis bien el español? Tenéis la posibilidad de ver series españolas en versión original.

→ ¿Tú no .... bien el español? .... la posibilidad de ver series españolas en versión original.

3. Los alumnos se sientan cuando piensan que pueden hacerlo.

→ El alumno se .... cuando .... que .... hacerlo.

¡Este es tu webcómic! MANUEL P. 64

A **Qui suis-je ? Chacun des personnages se présente, dit qui il est et ce qu'il peut faire. Complète les bulles (choisis l'un des pouvoirs de chacun d'eux).**

www.genalfacomic.com

Lengua

B **Mets les phrases au singulier (change les formes verbales et les démonstratifs).**

1. Por la noche, nosotros les contamos estos cuentos maravillosos a los niños y después, nos dormimos.
➡ Por la noche, yo le .... cuento maravilloso al niño y después, me ....

2. Al día siguiente, cuando despertamos, recordamos estas historias y estamos contentos.
➡ Al día siguiente, cuando yo ...., ... historia y .... contento.

¡A CENAR!

MANUEL P. 66

CAMARERO: ¡Buenos días, señores! ¿Vienen a cenar?

CLIENTE 1 *(un señor)*: ¿Cenar?... Pues, no... Queremos comer.

CLIENTE 2 *(una señora)*: Solo son las dos de la tarde.

CAMARERO: Pues, lo siento[1], señores, no va a ser posible. En este restaurante, solo se puede cenar.

CLIENTE 1: Entonces[2], si el restaurante está cerrado, ¿por qué está abierta la puerta?

CAMARERO: Porque con el calor que hace, ¡hay que ventilar la casa! Entonces, señores, ¡hasta luego!

CLIENTE 2: Entonces, ¡adiós! Porque esta noche, vamos a cenar... ¡en casa!

Según Isabel Sanz, *El mundo de Ana*, 2013.

1. *je regrette* • 2. *alors*

Teatro

✔ Je suis capable de jouer une scène.

- Mon rôle : ....
- Le ton que nous allons adopter :

  • désinvolte • furieux • curieux • surpris • indigné • ironique • inquiet

CAMARERO ....

CLIENTE 1 ....

CLIENTE 2 ....

- La scène est amusante : comment susciter le rire des spectateurs ? *(bruitage, gestes, accessoires, effets de voix)*

....

....

....

Audio

MP3 PISTE 31 · INTERACTIVO · MANUEL P. 67

✔ Je peux comprendre le sujet d'un jeu vidéo présenté dans un enregistrement.

ZACK ZERO: UN SUPERHÉROE ESPAÑOL

Escucha la grabación y elige las respuestas correctas.

1. Carlos Abril es:
- ❑ el creador del videojuego
- ❑ un personaje diabólico

2. El videojuego cuenta:
- ❑ aventuras en Madrid
- ❑ aventuras interplanetarias

3. Zack puede salvar a la chica gracias a:
- ❑ un traje especial
- ❑ una PlayStation

COMPAÑEROS

MANUEL P. 68

✔ Je suis capable de lire seul(e) et de comprendre une page de bande dessinée.

YA ES HORA DE COMER

A Dans chaque **vignette**, il manque un ou deux mot(s) ou expression(s). Peux-tu compléter les bulles ?

B Relie les mots et expressions avec leur équivalent en français :

Bueno ●	● D'accord ?
Pues ●	● Mais non, bien sûr !
¡Qué va! ●	● Allez
Anda ●	● C'est vrai ?
¿De verdad? ●	● Eh bien…
¿Vale? ●	● Alors
Entonces ●	● Bon

C Complète les phrases.

1. *Los chicos van a hacer un picnic en la* ....
2. *Van a comer* ....
3. *Van a volver a casa a* ....

Je m'autoévalue

- ☐ 😊 J'ai tout compris.
- ☐ 😐 J'ai compris le sens général.
- ☐ ☹ Je n'ai compris qu'une partie de la BD.

¡ASÍ DE FÁCIL!

MANUEL P. 69

1 Adivina quién es...

1. ¿Sabes cómo se llama esta actriz?

La actriz se llama _ _ _ _ _ _ _ _ _ _ _

2. Compara las dos fotos (utiliza « mientras que »).

- En la primera foto, el personaje .... mientras que en la segunda ....
....
- En la primera foto, ...
....
- En ....
....

2 En el mercado

El vendedor tiene que ordenar otra vez la fruta. Ayúdale. Di cuántas frutas tiene de cada categoría.

- COCOS ______
- SANDÍAS ______
- PIÑAS ______
- MELONES ______
- MANGOS ______
- PLÁTANOS ______
- NARANJAS ______

Así se dice

- el color de la piel: *la couleur de la peau*
- el título de la película: *le titre du film*
- las joyas: *les bijoux*
- las esposas: *les menottes*
- presa ≠ libre: *prisonnière ≠ libre*
- inmóvil: *immobile*
- moverse(ue): *bouger*

3 La carta rota

Carlos recibe una carta pero su hermanito la rompe por error. ¿Puedes ayudarle a leer el mensaje?

El mensaje dice: ....
....
....
....
....

MANUEL P. 70

Les verbes à diphtongue

• Certains verbes espagnols diphtonguent au présent : les voyelles E ou O du radical se transforment lorsqu'elles sont accentuées.
• Le E devient IE et le O (ou le U, comme dans ***jugar***) devient UE.

A Complète avec les syllabes manquantes.

	querer (e → ie)	poder (o → ue)
(yo)	...............ro	...............do
(tú)	quie...............	pue...............
(él/ella/Ud.)	...............re	...............de
(nosotros/as)	que...............mos	po...............mos
(vosotros/as)	...............réis	...............déis
(ellos/ellas/Uds.)	quie...............	pue...............

B Complète avec les verbes *despertar (ie)*, *jugar (ue)* et *dormir (ue)*, conjugués à la forme qui convient.

1 Por la mañana, el cocodrilo se ....

2 Por la tarde .... y por la noche ...., a orillas del río.

La négation

C Le texte suivant est incomplet. Ajoute les mots manquants.

• En espagnol, la négation doit se trouver .... le verbe.
Ex. : *El chico* .... *entiende el español.*

Les comparatifs

D Complète les phrases.

1 El personaje es .... alto que la chica.

2 La chica es .... alta que el personaje.

3 La chica no es .... alta como el personaje.

E Relie les mots et leur traduction.

mejor ●	● *plus petit*
peor ●	● *plus grand*
mayor ●	● *pire*
menor ●	● *meilleur*

• En espagnol, pour faire des comparaisons, on utilise :
- *más* + adj. + *que* (plus... que...)
- *menos* + adj. + *que* (moins... que...)
- *tan* + adj. + *como* (aussi... que...)

Le futur proche

F Peux-tu recomposer le message suivant ?

a la playa • en España • ir • En verano • vamos a → ....

....

Evaluación Unidad 3

MANUEL P. 75 — INTERACTIVO — Vers A1

Leer
Domaine du socle : 1

1 Je peux repérer, dans un texte, les éléments ayant trait au métier que souhaite exercer un personnage.

Lee el texto (p. 75) y elige las frases correctas para presentar la vocación del chico.

1. ❑ El chico toca la guitarra eléctrica.
   ❑ El chico no tiene guitarra.
2. El chico quiere ser músico porque:
   ❑ le gusta el rock
   ❑ le gusta la música clásica
3. El chico se encierra en su cuarto para:
   ❑ escuchar música
   ❑ aprender a tocar la guitarra

Escuchar y comprender
Domaines du socle : 1 et 2

3 Je peux comprendre un enregistrement sur une spécialité culinaire.

MP3 PISTE 34

EL DULCE DE LECHE

Escucha y elige las respuestas correctas.

1. El dulce de leche es una especialidad de:
   ❑ América del Sur ❑ África ❑ España
2. Se elabora a base de:
   ❑ leche ❑ pan ❑ azúcar ❑ vainilla ❑ chocolate
3. Preparar dulce de leche en casa es:
   ❑ fácil ❑ difícil

Escribir
Domaine du socle : 1

2 Je peux donner les ingrédients de base d'un plat connu: la paella.

Haz una lista de cuatro ingredientes que hay que comprar antes de preparar una paella.

- ....
- ....
- ....
- ....

En Palma de Mallorca.

Grille d'autoévaluation

	Maîtrise insuffisante	Maîtrise fragile	Maîtrise satisfaisante	Très bonne maîtrise
Je peux repérer, dans un texte, les éléments ayant trait au métier que souhaite exercer un personnage.				
Je peux donner les ingrédients de base d'un plat connu: la paella.				
Je peux dire ce que je souhaite être plus tard.				
Je peux comprendre un texte sur une spécialité culinaire.				
Je peux interroger mes camarades sur ce qu'ils veulent faire comme métier et leur répondre.				

Mi casa ideal
MANUEL P. 78

A Entoure les mots qui correspondent à ce que dit le texte.

En la casa ideal de la narradora hay:

una biblioteca · un gato · una hamaca · un gran sol amarillo · un jardín · un perro · árboles · una piscina · flores · pájaros · una luna blanca · tejas rojas

¿Qué están haciendo?
MANUEL P. 79

B Replace les mots suivants au bon endroit.

delante · centro · izquierda · derecha · debajo · sobre · fondo

1. Al ...., hay la puerta. Está a la ....
2. .... está el gato.
3. En el ...., hay tomates .... la mesa.
4. El chico está a la ....
5. .... de la mesa, están dos gatitos.

Lengua

C Complète les phrases avec les verbes suivants à la forme qui convient :

cocinar · comer · esconder · jugar

1. El chico está ....
2. El gato está ....
3. Detrás de la puerta, un gatito se está .... Este gatito está ....

Así me gusta

MANUEL P. 80

A **Complète les phrases pour dire comment tu aimes passer ton temps libre.**

¿Te gusta un poquito, un poco, bastante, mucho, muchísimo o... no te gusta?

1. .... pasarme el tiempo jugando con un videojuego.
2. .... pasarme el tiempo viendo una serie en la tele.
3. .... pasarme el tiempo leyendo una novela.
4. .... pasarme el tiempo durmiendo.
5. .... pasarme el tiempo estudiando.
6. .... pasarme el tiempo charlando con los amigos.

Llamando por teléfono

MANUEL P. 81

B **Dis ce que les trois enfants sont en train de faire.**

Carmela ....
....
....

Manolito ....
....
....

Pablo ....
....
....

¿Quieres algo? MANUEL P. 82

A Transforme les phrases de façon à montrer que l'action est en cours.

Ex. : *Elena recoge la ropa.* → Elena está recogiendo la ropa.

EL NUEVO VECINO

1. El chico ayuda a Elena.
→ ....
....
2. Le sonríe a Elena.
→ ....
....
3. Le propone su ayuda a Elena.
→ ....
....

ELENA

1. Elena pone orden en sus cosas.
→ ....
....
2. Charla con su vecino.
→ ....
....
3. Piensa que su vecino es simpático.
→ ....
....

Un videojuego MANUEL P. 83

B Dans la grille, retrouve 7 mots en rapport avec le champ lexical de la ville.

	P	U	E	R	T	A
	C	A	L	L	E	C
	A				J	E
	S			B	A	R
	A				D	A
B	A	R	R	I	O	

Audio

MP3 PISTE 39 · INTERACTIVO · MANUEL P. 84

✔ Je peux comprendre un document publicitaire où il est question d'un jeu vidéo.

LA HABITACIÓN PERFECTA

Escucha la grabación y completa las frases.

1. El juego «La habitación perfecta» te permite decorar y .... tu propia habitación.
2. Puedes personalizar los muebles: la ...., el escritorio y las ....
3. Es uno de los juegos más ....del sitio Web.

MANUEL P. 85

EL MUNDO AL REVÉS

Vamos a jugar a un juego nuevo
que se llama el mundo al revés[1].
Uso la sartén para jugar al tenis
y la tostadora[2] para ver mis pelis[3].
Voy a cambiar todo lo que hay alrededor[4].
Guardo mis CDs en el lavavajillas.
Ahora es un disco toda la cocina
y para entrar hay que bailar esta canción.
[...]
En el mundo al revés, nada es lo que crees,
dejando volar tu imaginación,
viviendo una aventura en el salón.
En el mundo al revés, tú vas a aprender
que hay mil maneras de pasarlo bien.
Vamos a hacer que ahora es una selva[5].
Monto una cabaña debajo de la mesa,
y cojo el secador para cazar[6] algún león...

María Isabel

1. *monde à l'envers* • 2. *grille-pain* • 3. *films* • 4. *autour de moi* • 5. *une forêt vierge* • 6. *chasser*

Canción

MP3 PISTE 40

✔ Je comprends une chanson qui parle de ce qu'il y a dans une maison.

Étape 1

• Écoute la chanson.

Étape 2

• La jeune fille dit « *Voy a cambiar todo lo que hay alrededor* » (l. 5). Donne un exemple de ce qu'elle fait.

....

....

Étape 3

• Le titre de la chanson est *El mundo al revés*. À partir d'un exemple, explique ce que cela signifie.

....

....

MANUEL P. 86

✔ Je suis capable de lire seul(e) et de comprendre une page de bande dessinée.

El picnic

A **Vignettes 4** et **6**. Peux-tu compléter les pointillés avec les formes verbales manquantes ?

B Emploie les verbes suivants (à la forme progressive) pour expliquer ce que font les quatre amis : *instalarse – charlar – escuchar música – irse de la playa – llegar a la playa – preocuparse por la moto*.

Vignette 1 : ....

....

Vignette 2 : ....

....

Vignette 3 : ....

....

Vignettes 4, 5 et **6** : ....

....

Vignette 7 : ....

....

Vignette 8 : ....

Je m'autoévalue

- ❑ J'ai tout compris.
- ❑ J'ai compris le sens général.
- ❑ Je n'ai compris qu'une partie de la BD.

MANUEL P. 87

1 Una foto muy extraña

Juan saca una foto de su familia. Pero el resultado es muy extraño. ¿Puedes ver cuáles son las siete diferencias?

Diferencia 1 ....

Diferencia 2 ....

Diferencia 3 ....

Diferencia 4 ....

Diferencia 5 ....

Diferencia 6 ....

Diferencia 7 ....

2 La postal misteriosa

Juanjo recibe una postal de su amiga Inés. Pero es un día de lluvia y la postal está mojada. ¿Puedes ayudar a Juanjo a comprender lo que le dice Inés?

3 El intruso

Di cuál es el intruso.

EL BAÑO

LA SARTÉN

LA COCINA

LA HABITACIÓN

EL COMEDOR

EL SALÓN

El intruso es ....

....

MANUEL P. 88

La gérondif

Verbes réguliers

hablar → habl....................	comer → com....................	vivir → viv....................

Quelques irréguliers

decir	reír	leer	dormir
↓	↓	↓	↓
....	....	....	....

La forme progressive

• L'équivalent en français de « être en train de » est, en espagnol, « **estar** + gérondif ».

A Complète les phrases suivantes.

1 Estoy .... una canción tradicional. → Je suis ....de chanter une chanson traditionnelle.

2 .... comiendo una tortilla española. → Tu es en train de .... une omelette espagnole.

3 Estamos .... un momento excepcional. → .... en train de vivre un moment exceptionnel.

Les adjectifs possessifs

B Complète les phrases suivantes.

1 Mi lámpara es muy bonita. → .... *lampe est très jolie.* 

2 Tu cama es muy cómoda. → .... *lit est très confortable.* 

3 Pedro me presta su ordenador. → *Pedro me prête* .... *ordinateur.* 

4 En .... escritorio hay una biblioteca. → *Dans notre bureau, il y a une bibliothèque.* 

5 ¿Funciona bien .... televisor? → *Est-ce que votre téléviseur marche bien ?* 

6 Pedro y María tienen un perro. .... perro es muy simpático. → *Pedro et María ont un chien. Leur chien est très sympathique.* 

Situer dans l'espace

C Complète les phrases avec : *a la izquierda – a la derecha – debajo – en – delante – detrás.*

Hay un farol .... el centro.

Hay flores, ... de la foto.

El banco está .... de la mesa.

El chico está .... de la puerta.

La silla está .... del chico.

Hay una maceta de flores .... del farol.

Evaluación Unidad 4

MANUEL P. 93 · INTERACTIVO · Vers A1

Leer — Domaine du socle : 1

1 Je peux comprendre la description d'une chambre dans un texte.

Lee el texto (p. 93) y completa.

1. La chica se llama ....
2. La madre se llama ....
3. Lo primero que hace la chica es:
❏ abrir la ventana ❏ sentarse en la cama
❏ contemplar la cascada
4. La habitación:
a. ❏ es muy grande ❏ no es muy grande
b. ❏ le gusta a Elena ❏ no le gusta a Elena

Escuchar y comprender — Domaines du socle : 1 et 2

2 Je peux comprendre, dans une conversation téléphonique, ce que font et disent les personnes qui parlent.

Hablando por teléfono — MP3 PISTE 42

Escucha y contesta.

1. Di lo que están haciendo Antonio y María.
a. Los dos .... hablando por teléfono.
b. Antonio está .... y María está .... una fiesta.
2. Di cuándo va a ser la fiesta y dónde.
a. La fiesta va a ser:
❏ en casa de María ❏ en casa de Antonio
❏ el domingo ❏ el sábado
❏ a las tres de la tarde ❏ a las seis de la tarde
b. Antonio: ❏ va a venir ❏ no va a venir

Escribir — Domaines du socle : 1

3 Je peux parler d'une maison en indiquant les pièces principales et en donnant des précisions sur des éléments d'ameublement ou de décoration.

Di cómo es tu casa ideal. Di lo que hay en ella. Escribe dos frases.

....
....
....

Grille d'autoévaluation

	Maîtrise insuffisante	Maîtrise fragile	Maîtrise satisfaisante	Très bonne maîtrise
Je peux comprendre la description d'une chambre dans un texte.				
Je peux décrire une image en utilisant des adverbes ou prépositions de lieu et je peux aussi dire ce que des personnages sont en train de faire.				
Je peux comprendre, dans une conversation téléphonique, ce que font et disent les personnes qui parlent.				
Je peux parler d'une maison en indiquant les pièces principales et en donnant des précisions sur des éléments d'ameublement ou de décoration.				
Je suis capable de demander à quelqu'un ce qu'il est en train de faire et de répondre à la même question.				

Siempre viajo en tren MANUEL P. 96

A Complète chaque phrase par l'une des formes verbales suivantes :

se habla **se tarda** **se puede** **se llega** **se descubre**

1. Es práctico ir en avión desde París a Barcelona: ¡no .... mucho!
2. En coche, saliendo de París a las diez de la mañana, ... a Barcelona a las ocho de la tarde.
3. Viajando en bicicleta, ... el paisaje mucho mejor.
4. –¿ .... ir a Granada en tren?
   –¡Sí, claro!
5. En Cataluña, ... español y catalán.

¡Anímate! MANUEL P. 97

B Complète ce que dit la jeune fille a son père. Utilise les verbes suivants à l'impératif :

descansar *(se reposer)* **hacer** **venir** **tomar** *(prendre)*

Aeropuerto de Barajas, Madrid.

Si vas a la feria de Sevilla

MANUEL P. 98

A Comment s'appellent ces différents éléments ? Complète les encadrés.

¡A todo color!

MANUEL P. 99

B Comment es-tu habillé(e) aujourd'hui ?
Écris une phrase pour dire quels vêtements tu portes et de quelle couleur ils sont.

....

....

....

Lengua

C Certains de ces verbes sont des verbes à affaiblissement, mais pas tous.
Sauras-tu les reconnaître ?

1. La chica viste de azul. → VESTIR → Verbe à affaiblissement : oui ❑ non ❑
2. Te pido un consejo. → PEDIR → Verbe à affaiblissement : oui ❑ non ❑
3. Vivo en Sevilla. → VIVIR → Verbe à affaiblissement : oui ❑ non ❑
4. Eliges un sombrero. → ELEGIR → Verbe à affaiblissement : oui ❑ non ❑
5. Tienes un lindo vestido. → TENER → Verbe à affaiblissement : oui ❑ non ❑
6. Sigo a mis amigos. → SEGUIR → Verbe à affaiblissement : oui ❑ non ❑

El gazpacho andaluz

MANUEL P. 100

A Complète la recette par les verbes manquants :

prepara — lava — pela — añade — pon — córtalo

el aceite de oliva

el vinagre

la sal

Receta

.... los ingredientes

- .... y .... bien los tomates y el pepino. Lava y prepara el pimiento.
- .... la cebolla y el ajo preparados y el pan.
- .... todo y .... todos los pedazos dentro de la batidora
- Añade la sal, el aceite y el vinagre (un poquito: después puedes añadir agua).
- Pon en funcionamiento la batidora. No debe quedar ningún trozo.
- Pon el gazpacho en la nevera.

Y ahora... ¡Buen provecho!

los tomates

la cebolla

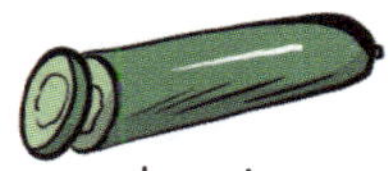
el pepino

el ajo

el pimiento rojo

el pan

Una postal desde Sevilla

MANUEL P. 101

B Imagine que tu es en vacances à Séville. Tu écris une carte postale à l'un de tes amis. Complète la carte et ajoute ensuite le nom et l'adresse si tu veux.

Hola .... :

Estoy de vacaciones en Sevilla.

Me .... mucho y lo .... en grande.

Por favor, ... una postal tú también.

Un .... muy fuerte.

....

La Catedral.

¡MANOS A LA OBRA!

MANUEL P. 102

Playa de las Américas, Tenerife.

NOS VAMOS DE VIAJE

TRINI y NIÑA están preparando las maletas en su habitación. Llega un amigo, Juan.

JUAN: ¿Qué haces? ¿Os marcháis[1]?

TRINI: Sí. Nos vamos de viaje.

JUAN: ¿A dónde? ¿Hacia el norte o hacia el sur?

TRINI: ¿Qué es mejor?

JUAN: No sé... yo, el sur lo conozco poco...

NIÑA: En el norte hace mucho frío, ¿no?

JUAN: A veces[2].

TRINI: Yo quiero ir a la playa.

Según Icíar Bollaín, *Hola, ¿estás sola?*, 1997.

1. *Vous partez ?* • 2. *Parfois.*

Teatro

✔ Je peux comprendre et interpréter un dialogue entre trois amis.

- Mon rôle : ....
....
- Le ton que je vais adopter : ....
....
- Comment animer la scène (bruitage, gestes, accessoires...) :
....
....
....

Audio

MP3 PISTE 49 — INTERACTIVO

✔ Je peux comprendre le sujet d'un dialogue dans une agence de voyage.

EN LA AGENCIA DE VIAJES

A Escucha la grabación y contesta.

1. ¿Qué objeto le pide la clienta a la vendedora?
....
....
2. ¿Adónde quiere ir?
....
....

B Completa.

A la clienta le interesa un viaje de .... días, en un hotel .... estrellas, para ....personas.

C ¿Cuál es el precio del viaje?

....
....

✔ Je suis capable de lire seul(e) et de comprendre une page de bande dessinée.

MANUEL P. 109

¿DÓNDE ESTÁ LA MOTO?

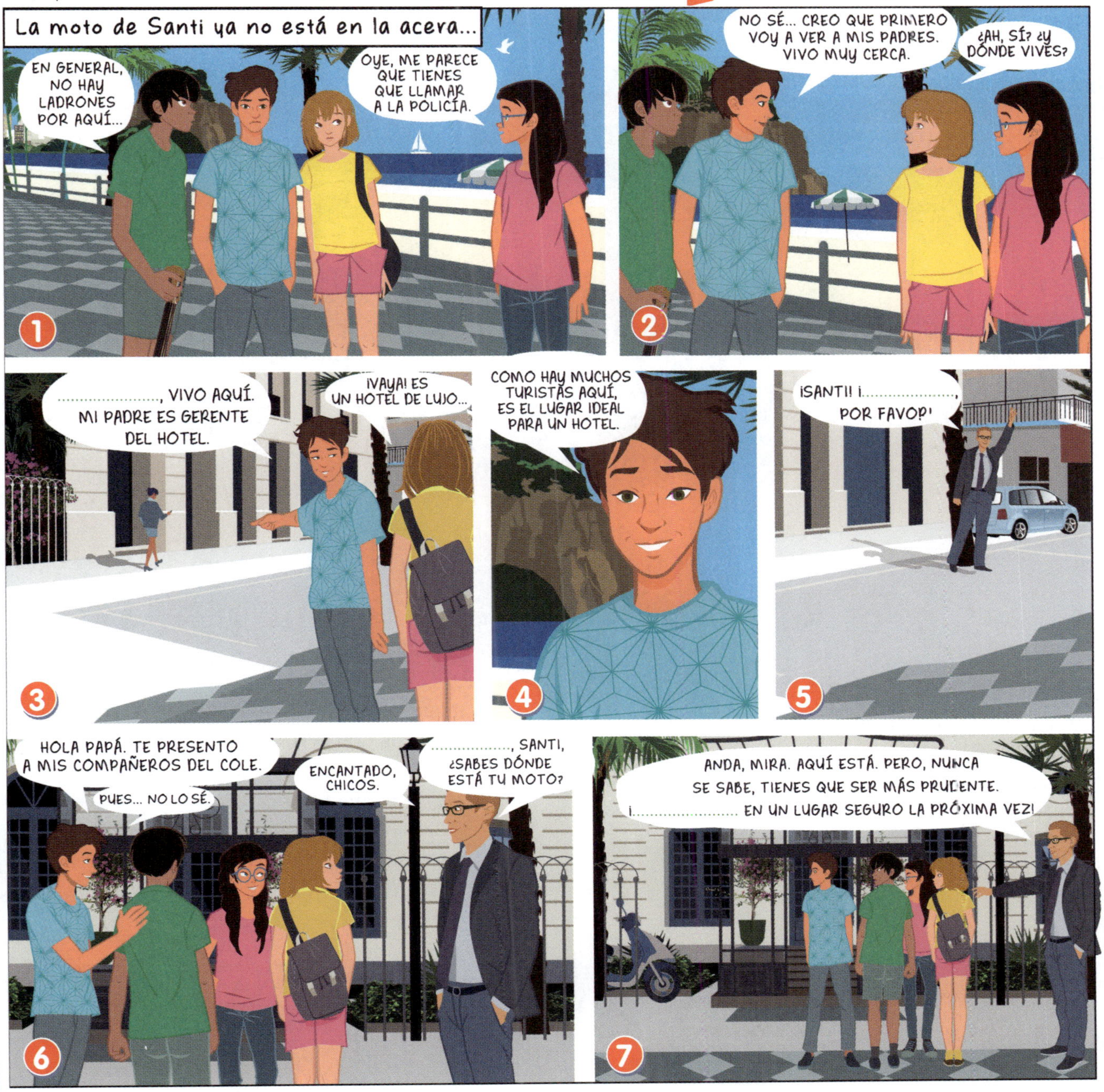

A **Vignettes 3, 5, 6 et 7.** Peux-tu compléter les pointillés avec les impératifs manquant ?

B Transforme les phrases suivantes de façon à employer l'impératif :

El padre dice que Santi tiene que poner la moto en un lugar seguro. ➡ *¡Ponla en un lugar seguro!*

- *Nita le dice a Santi que tiene que llamar a la policía.* ➡ *¡.. a la policía!*
- *El padre dice que Santi tiene que ser más prudente.* ➡ *¡.. más prudente!*

C *Finalmente, la moto de Santi no está perdida. Está :*

❏ *en la comisaría* ❏ *en la playa* ❏ *en el hotel donde trabaja el padre*

Je m'autoévalue

❏ 😊 J'ai tout compris.
❏ 😐 J'ai compris le sens général.
❏ ☹ Je n'ai compris qu'une partie de la BD.

¡ASÍ DE FÁCIL!

MANUEL P. 105

1 ¡Así no conviene!

Note : on utilise « vestir » avec les mots surlignés en vert et « llevar » avec ceux surlignés en orange

Observa los dibujos y di cuáles son los errores.

gorro y guantes | una gorra | un pijama | unas sandalias de playa | un traje elegante | un vestido de verano | ropa de invierno | un sombrero andaluz

1. La chica de la izquierda viste .... mientras que lleva ....
2. El chico de la izquierda viste .... mientras que lleva ....
3. La chica de la derecha viste .... mientras que lleva ....
4. El chico de la derecha viste .... mientras que lleva ....

2 El intruso

Di cuál es el intruso.

LA NARANJA

LA PATATA

LA CEBOLLA

EL TOMATE

EL AJO

EL PEPINO

El intruso es ....

....

3 El crucigrama

¿Puedes completar el crucigrama? Faltan los nombres de grandes ciudades de Andalucía.

1. En esta ciudad está la Alhambra.
2. En ella, se puede visitar la Mezquita.
3. La Giralda es su monumento más famoso.
4. Es un puerto, a orillas del océano Atlántico.
5. Es un puerto, a orillas del mar Mediterráneo.

MANUEL P. 106

Les verbes à affaiblissement

¡Entiendo todo lo que me estás diciendo!

A Complète le tableau.

Présent de l'indicatif	vestir (e→ i)
(yo)	v....................
(tú)	v....................
(él/ella/Ud.)	v....................
(nosotros/as)	v....................
(vosotros/as)	vestís
(ellos/ellas/Uds.)	visten

- Certains verbes espagnols du troisième groupe (en *-ir*), qui ont un « E » au radical, sont appelés « à affaiblissement ».

- Cela veut dire que, au présent, la voyelle « E » du radical se transforme en « I » lorsqu'elle est accentuée.

L'impératif

B Complète le tableau.

	2ᵉ pers. sing. *(tú)*	2ᵉ pers. pl. *(vosotros)*
cantar	cant...............	cant...............
comer	com...............	com...............
subir	sub...............	sub...............

Quelques irréguliers à l'impératif (2ᵉ pers. sing.)

C Les impératifs irréguliers ont été écrits dans le langage secret de « *el mundo al revés* ». Sauras-tu les retrouver?

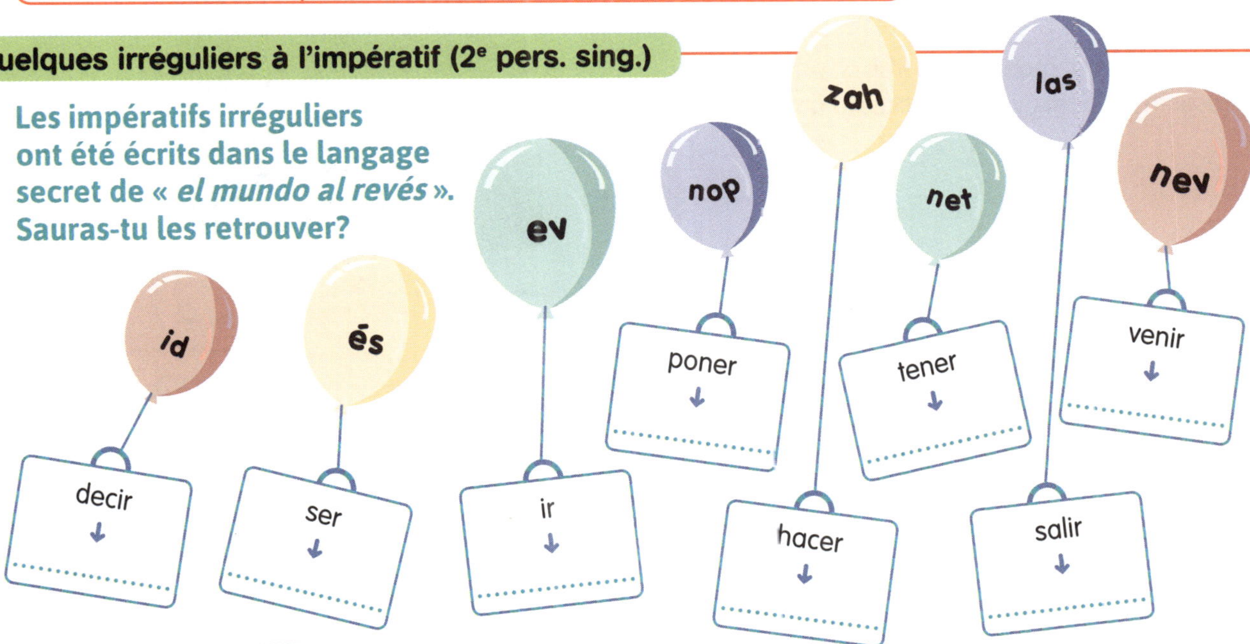

L'enclise des pronoms

D Complète le dialogue avec : ***déjame – dime – vete – ten.***

El cabrito: .... quién eres.

El lobo: Soy un amigo. .... confianza. ¡Ábreme la puerta!

El cabrito: ¡.................................... en paz y .... de aquí!

MANUEL P. 111 · INTERACTIVO · Vers A1

Leer — Domaine du socle : 1

1 Je peux comprendre quels sont les ingrédients d'une recette.

Lee la lista de los ingredientes (p. 111).

1. Di lo que significan las palabras siguientes:
- ajo ....
- aceite ....
- sal ....
- trozo ....

2. Di cómo se dice en español:
- *paprika* ....
- *œuf* ....
- *un petit peu* ....

Escuchar y comprender — Domaines du socle : 1 et 2

2 Je peux comprendre un bref passage d'une interview.

Entrevista a Patricia Vico — MP3 PISTE 42

Escucha y contesta.

1. Di quién es Patricia Vico:
❑ una periodista ❑ una actriz ❑ una cantante

2. ¿De qué ciudad es Patricia?
❑ Madrid ❑ Barcelona ❑ Málaga

3. Di lo que le gusta a Patricia:
a. ❑ los vaqueros ❑ las botas ❑ los zapatos de tacón alto ❑ los abrigos
b. ❑ la ropa de invierno ❑ la ropa de verano

4. ¿Qué color prefiere?
....

Escribir — Domaines du socle : 1 et 2

3 Je peux écrire deux phrases pour présenter et décrire un paysage qui se trouve sur une affiche.

En tu cuaderno, redacta dos frases: primero, presentas el cartel y, luego, dices lo que se ve en él.

....
....
....
....

Grille d'autoévaluation

	Maîtrise insuffisante	Maîtrise fragile	Maîtrise satisfaisante	Très bonne maîtrise
Je peux lire et comprendre les noms des ingrédients dans une recette.				
Je peux parler d'une ville d'Espagne que je connais.				
Je peux, dans une conversation téléphonique, dire à quelqu'un où je me trouve et l'inviter à venir me voir.				
Je peux comprendre un bref passage d'une interview.				
Je peux écrire deux phrases pour présenter et décrire un paysage qui se trouve sur une affiche.				

MANUEL P. 114

¡A Sabab le encantan las pelis!

A Complète en conjuguant le verbe indiqué.

La niña les pide a sus padres que le .... (comprar) y le .... (regalar) una mascota. Pero sus padres no quieren que un perro .... (ocupar) su jardín o que un gato .... (instalarse) en el sofá.

Si tu mascota es un cerdito...

MP3 PISTE 53

B Complète la phrase suivante.

Para que mi cerdito .... (vivir) en buena salud, es necesario que .... comida sana.

C Écoute l'enregistrement et réponds aux questions.

1. Tener un cerdito como mascota está de moda en:
   ❏ Nicaragua ❏ Guatemala ❏ México
2. El locutor dice que es posible tener como mascota:
   ❏ un pez ❏ un perro ❏ un gato ❏ un loro ❏ un cerdo
3. Según el locutor, los cerdos son animales:
   ❏ inteligentes ❏ sucios ❏ simpáticos ❏ cariñosos ❏ limpios

D Complète les phrases avec les mots suivants:

tenga – bañes – des – prefieras – viva – quieras

1. Es posible que .... tener una mascota y que .... adoptar un perro.
2. Es importante que .... tu cerdito una vez por semana para que .... en buenas condiciones.
3. Es necesario que tu mascota .... comida sana.
4. Es necesario que le .... todo lo que necesita

¡Gana tu mascota virtual! MANUEL P. 116

A **Complète les encadrés en utilisant le subjonctif.**

Te aconsejo que .... en el concurso.

Es necesario que nos .... una foto de tu mascota.

Es posible que .... uno de los videojuegos.

Quizás te .... uno de los Nintendogs.

Es posible que pronto .... este videojuego.

Mascotas de la selva MANUEL P. 117

B **Tous les animaux ne sont pas des animaux de compagnie : il vaut mieux laisser les animaux sauvages vivre en liberté. Choisi un exemple pour chacune des phrases et complète-la.**

1. A mi parecer, es posible que .... sea una mascota porque ....
....
2. A mi parecer, no es posible que .... sea una mascota porque ....
....

C **Sur les écailles de la tortue, huit animaux se cachent. L'un d'eux est un intrus. Lequel ?**

El intruso es ....

Cuento de los alebrijes

MANUEL P. 118

A **Cherche dans le texte deux autres adjectifs pour qualifier les *alebrijes*.**

Los alebrijes son animales fantásticos, ...

.... y

....

....

B **Cherche dans le texte les deux verbes qui manquent dans la phrase.**

Es posible que tengan la cabeza de un dragón, que sus patas .... patas de araña y que su cola se .... a la de un tigre.

Yo vivo en un pueblo de México. En mi pueblo, la gente cree que cuando los niños nacen[1] también nace con ellos un animal fantástico. Este animal, llamado Alebrije, siempre los acompaña.

Es posible que estos animales maravillosos tengan la cabeza[2] de un dragón, que sus patas sean patas de araña y que su cola[3] se parezca a la de un tigre...

En general, estos animales mágicos tienen alas, pues[4] las alas representan la libertad. Son de muchos colores.

Según Claudia Sabag Durán, *Para ver hay que creer*, 2013.

1. nacer: *naître* • 2. *la tête* • 3. *leur queue* • 4. *car*

El desfile de los alebrijes

MP3 PISTE 57

C **Écoute l'enregistrement et complète les phrases suivantes.**

1. Los alebrijes son creaciones de artistas:

❏ peruanos ❏ mexicanos ❏ argentinos

2. Los fabrican con:

❏ tela ❏ piedra ❏ papel ❏ cerámica

3. Cada año, se organizan desfiles de:

❏ alebrijes muy pequeñitos ❏ animales mexicanos ❏ alebrijes monumentales

4. Es una fiesta llena de .... y de ....

¡MANOS A LA OBRA!

Audio

MP3 PISTE 59

INTERACTIVO

✔ Je peux comprendre des explications sur ce qu'est une *piñata*.

ROMPER LA PIÑATA

MANUEL P. 120

A Escucha y di cómo es una piñata (elige los elementos correctos).

1. La piñata es:
- ❑ de cartón
- ❑ de piedra
- ❑ de madera

2. Se adorna con:
- ❑ guirnaldas
- ❑ dibujos
- ❑ papeles de colores

3. Dentro de la piñata hay:
- ❑ verdura
- ❑ fruta
- ❑ carne
- ❑ caramelos

Así se dice
- romper: *casser*
- un palo: *un bâton*

B Di lo que tienen que hacer los niños para recoger los caramelos.

....

....

Canción

MANUEL P. 121

MP3 PISTE 60

✔ Je peux comprendre une chanson écrite par un poète espagnol célèbre.

EL LAGARTO ESTÁ LLORANDO

El lagarto[1] está llorando[2].
La lagarta está llorando.

El lagarto y la lagarta
con delantalitos[3] blancos.

Han perdido sin querer[4]
su anillo de desposados[5].

¡Ay su anillito de plomo[6],
ay, su anillito plomado!

¡Miradlos qué viejos son!
¡Qué viejos son los lagartos!

¡Ay, cómo lloran y lloran,
¡ay! ¡ay! cómo están llorando!

Federico García Lorca.
Música e interpretación de Paco Ibáñez.

1. *le lézard* • 2. llorar: *pleurer* • 3. el delantal: *le tablier* 4. *ils ont perdu par mégarde* • 5. *leur anneau de mariage* • 6. *de plomb*

Étape 1

- **Écoute la chanson et repère le nom de l'auteur du poème.**

El poeta se llama ....

Étape 2

- **Quel est le thème de la chanson ?**

El poema cuenta que dos lagartos. ....

....

....

- **À ton avis, pourquoi le poète dit-il que les lézards ont « de petits tabliers blancs » ?**

El poeta dice que los lagartos tienen delantalitos blancos porque ....

....

Étape 3

- **Lis à voix haute le poème. Apprends-le par cœur. Pour t'aider, repère les exclamations. Un mot revient souvent, lequel ?** ....

....

....

- **À ton avis, quels adjectifs conviennent pour qualifier la chanson ?**

❑ triste ❑ melancólica ❑ alegre

MANUEL P. 122

✔ Je suis capable de lire seul(e) et de comprendre une page de bande dessinée.

EN EL PARQUE

A **Vignettes 1, 2, 4** et **5**. Dans chacune de ces vignettes, il manque un verbe au subjonctif. Peux-tu les indiquer ?

B Réponds à la question en une ou deux phrases.

• *Sandra dice que «los cuidadores hacen lo necesario para que los delfines se diviertan también.»*

¿Te parece importante esto?

A mí me parece que, en un parque zoológico, los animales ....

....

....

....

....

....

Je m'autoévalue

- ☐ J'ai tout compris.
- ☐ J'ai compris le sens général.
- ☐ Je n'ai compris qu'une partie de la BD.

MANUEL P. 123

1 Crucigrama de los animales

Busca los nombres de 6 animales.
La letra del principio y la del final ya están escritas.
Cuatro de estos animales están representados en los sellos. Otros dos viven en el agua.

					1	2		3	4
					T				B
						R		P	
	N	I	C	A	R	A	G	U	A
							■		
5		J				A	R		
6	P							O	
	S	E	L	V	A				

2 La foto mentirosa

Esta es una foto sacada por María durante sus vacaciones. En la copia de al lado, hay siete diferencias. A ver si las encuentras...

	En el dibujo de la izquierda...	Mientras que en el de la derecha...
Diferencia 1	....	....
Diferencia 2	....	....
Diferencia 3	....	....
Diferencia 4	....	....
Diferencia 5	....	....
Diferencia 6	....	....
Diferencia 7	....	....

MANUEL P. 124

Le présent du subjonctif

A Les verbes réguliers

	hablar	comer	vivir
(yo)	hable	coma	viva
(tú)	habl..................	com..................	viv..................
(él/ella/Ud.)	hable	com..................	viva
(nosotros/as)	habl..................	comamos	viv..................
(vosotros/as)	habléis	com..................	viváis
(ellos/ellas/Uds.)	habl..................	coman	viv..................

B Les verbes à diphtongue

	contar (o→ ue)	querer (e→ ie)
(yo)	cuente	quiera
(tú)	c..............ntes	quier...........
(él/ella/Ud.)	cuent................	qu...........ra
(nosotros/as)	cont..................	qu...........ramos
(vosotros/as)	c..............ntéis	quer...........
(ellos/ellas/Uds.)	c..............nten	qu...........ran

C Les verbes irréguliers (Ex : *tener*)

IND.	SUBJ.
tengo →	tenga
tienes	tengas
tiene	tenga
tenemos	tengamos
tenéis	tengáis
tienen	tengan

• Le présent du subjonctif se forme à partir de la première personne du singulier du présent de l'indicatif.

D Quelques verbes particuliers

Ser → sea, seas, sea, seamos, ..., ...

Saber → sepa, sepas, sepa, sepamos, ..., ...

• En espagnol, on utilise le subjonctif pour exprimer l'hypothèse (*après es posible que..., quizás...*), pour donner un ordre indirect ou un conseil (*Quiero que mi mascota sea la más bonita.*), et après « *para que* ».

E Le serpent avaleur de verbes a avalé six formes verbales. Retrouve-les !

- ....
- ....
- ....
- ....
- ....
- ....

Evaluación Unidad 6

MANUEL P. 129 · INTERACTIVO · Vers A1

Leer — Domaine du socle : 1

1 Je peux comprendre l'essentiel d'un document où il est question de protéger la nature.

Lee el texto (p. 129) y contesta.

1. Di cuáles son los temas del texto:
❏ el respeto a la naturaleza
❏ la explotación del mundo
❏ la educación de los niños
❏ el turismo

2. Según el autor del texto, es necesario que los niños ....

3. Los padres deben permitirles a los niños que ....

Domaines du socle : 1 et 2

2 Je peux rédiger quelques conseils pour demander aux autres de respecter les animaux et la nature.

Elige un animal (por ejemplo en tu libro). Ahora, redacta tres consejos para que tus compañeros aprendan a respetarlo y cuidarlo bien. Puedes emplear «es necesario que...», «es importante que», «te aconsejo que...».

Para cuidar bien ....
....
....
....

Escuchar y comprender — Domaines du socle : 1 et 2

3 Je peux comprendre une brève émission radio sur des objets artisanaux mexicains.

Animales fantásticos — MP3 PISTE 62

Escucha y contesta.

1. Di cuál es el nombre del artista inventor de los alebrijes:
❏ Antonio Gómez Linares
❏ Pedro Linares López
❏ Pedro Linares Martínez

2. Los alebrijes se fabrican con:
❏ plástico ❏ cemento
❏ tela ❏ papel

3. Di en qué país se fabrican los alebrijes.
....

4. Di con qué se decoran.
....

Grille d'autoévaluation

	Maîtrise insuffisante	Maîtrise fragile	Maîtrise satisfaisante	Très bonne maîtrise
Je peux comprendre l'essentiel d'un document où il est question de protéger la nature.				
Je peux comprendre une brève émission radio sur des objets artisanaux mexicains, les alebrijes.				
Je peux rédiger quelques conseils pour demander aux autres de respecter les animaux et la nature.				
Je peux présenter oralement un animal qui me plaît.				
Je peux donner des conseils à un ami : je lui propose de participer à une activité.				

Una fiesta sorpresa

MANUEL P. 132

A **Imite la phrase prononcée par Paula et dis quel âge tu auras le jour de ton anniversaire.**

Paula dice «el sábado cumplo diecisiete años».

¿Y tú? ➜ El ....

voy a cumplir ....

B ***Tarta de letras.*** **Trouve les trois mots horizontaux de la grille.**

El día de tu cumple...

1. Lo esperas con impaciencia.
2. Te cantan el Cumpleaños ....
3. ¡Indispensable para los golosos!

Si tu ne t'es pas trompé(e), tu peux lire un autre mot écrit à la verticale.

Hoy ha sido mi cumpleaños

MANUEL P. 133

C **Relis le texte et complète les phrases avec les formes verbales qui manquent.**

Hoy, ha .... mi cumpleaños.
Hemos .... una gran fiesta en casa. Papá y tío Gabriel se han .... de payasos y nos han .... el cumpleaños feliz.
Hemos .... una tarta de mango y nos hemos .... mucho.

Javier Yanes, *Tulipanes de Marte*, 2014.

Pueblos mágicos

MANUEL P. 134

MP3 PISTE 64

A **Observe la publicité, écoute l'enregistrement et réponds aux questions.**

1. A tu parecer, ¿cuáles son los adjetivos más adecuados para calificar lo que ves?

❑ mágico ❑ fantástico ❑ tradicional ❑ exótico ❑ festivo ❑ melancólico

2. Los «pueblos mágicos» son ciudades que han conservado ....

3. El principal objetivo del programa es desarrollar:

❑ la agricultura ❑ la danza ❑ el turismo

4. Di cuántos «pueblos mágicos» hay en México:

❑ 112 ❑ 1200 ❑ 111 ❑ 114

La danza de los quetzales

MANUEL P. 135

B **Complète les phrases avec les mots suivants :**

el más | más | las más | más | la más

1. A mi parecer, los pájaros son .... simpáticos que las serpientes.

2. El quetzal es uno de los pájaros .... extraordinarios de América.

3. Sus plumas son .... bonitas que he visto.

4. He participado en muchas fiestas, pero esta es .... alegre de todas.

5. Este disfraz es .... impresionante del espectáculo.

La legendaria «Ciudad del Dios mono»

MANUEL P. 136

A **Cherche dans le texte p. 136 du manuel l'autre nom qui est donné à la «ciudad del Dios mono».**

La llaman también ....

....

B **Il est question dans le texte d'un singe mais aussi d'un autre animal. Lequel ?**

Se habla también de ....

....

C **Traduis en français la phrase « *Dicen que hay más de cincuenta figuras que imitan todo tipo de animales.* »**

....

....

El jaguar o tigre americano

MANUEL P. 137

D **Complète les phrases suivantes en utilisant la préposition qui convient.**

de	contra	entre	en	en	por

1. .... las numerosas tribus que viven .... esta región, se rinde culto al jaguar.

2. Los indígenas creen que el brujo puede andar .... la selva transformado .... tigre.

3. Se disfrazan .... jaguares.

4. No quieren atentar .... los animales.

E **Trois mots se sont mélangés dans les feuilles de l'arbre. Peux-tu les retrouver ?**

• ....

• ....

• ....

¡MANOS A LA OBRA!

Audio

MP3 PISTE 67

INTERACTIVO

MANUEL P. 138

✔ Je peux comprendre des informations à propos des indiens d'Amazonie.

LA NATURALEZA NECESITA A LOS PUEBLOS INDÍGENAS

A Escucha y completa las frases con la palabra correcta.

deforestación · conservación

1. Los indígenas contribuyen a la .... de la naturaleza.
2. Los indígenas evitan la ....

B Completa con la palabra adecuada.

Los pueblos indígenas son los .... de la naturaleza.

C Elige cuatro verbos que pueden completar la frase.

olvidan · necesitan · aman · compran · protegen · conocen · venden

Los indígenas .... , ... , ... , y .... la naturaleza.

COLIBRÍ Y LA LLUVIA

Está seca la tierra,
sediento el monte
no se ve ni una nube
en el horizonte.
En el pasto agotado[1]
se mueren las flores,
Colibrí no halla[2] néctar
para sus pichones[3].

Ven lluvia ven, ven...

Dime Pachamama[4]
qué debo hacer.
Mis dos pajaritos
tienen mucha sed.
La diosa responde
«Vuela hacia el mar»
¡Adiós mis pichones
ya vuelve mamá[5]!

Ven lluvia ven, ven...

Tikitiklip Precolombino (Chile)

Canción

MP3 PISTE 68

MANUEL P. 139

✔ Je peux comprendre une chanson racontant une légende indienne.

Étape 1

- **Écoute la chanson et repère le refrain.**

El estribillo es: ....

- **Quelle indication donne-t-il sur le thème de la chanson ?**

La canción habla de .... porque el cantante quiere que ....

Étape 2

- **Quel est le personnage principal mis en scène et quel est son problème ?**

El personaje principal es ....
Su problema es que ....

- **Qui va l'aider ?**

El personaje que le va a ayudar es ....

- **Quel conseil lui donne-t-on ?**

Le va a aconsejar que ....

Étape 3

- **Pour t'aider à mieux comprendre, repère les trois impératifs.**

....

- **À ton avis, quels adjectifs conviennent pour qualifier la chanson ?**

❑ triste ❑ melancólica ❑ alegre ❑ divertida ❑ dinámica

1. *les champs épuisés*
2. *ne trouve pas*
3. *ses poussins*
4. Pachamama*: déesse (la terre mère) pour les indiens*
5. *maman revient tout de suite*

✔ Je suis capable de lire seul(e) et de comprendre une page de bande dessinée.

....

A Il manque le titre de cet épisode. Recopie-le à sa place et écris ici la traduction : ....

B **Vignettes 4, 5** et **6**. Peux-tu indiquer les formes verbales manquantes ?

• .... • .... • ....

C Réponds à ces questions en une ou deux phrases.

1. *¿Qué han hecho los amigos durante la tarde? Durante la tarde, los chicos.* ....

....

2. *¿Cómo se puede calificar el ambiente entre ellos?* ....

....

3. *¿Cómo se ve que los chicos se llevan muy bien?* ....

....

Je m'autoévalue

- ☐ J'ai tout compris.
- ☐ J'ai compris le sens général.
- ☐ Je n'ai compris qu'une partie de la BD.

¡ASÍ DE FÁCIL!

MANUEL P. 141

1 El misterio de la pirámide

En este crucigrama tres vocales han desaparecido. Las han cambiado por signos misteriosos. ¿Las puedes descubrir?

2 Perdido por el camino

El pastor ha perdido su llama. Ayúdale a encontrarla.

Para encontrar su llama, el pastor tiene que pasar por el camino .... Los otros dos caminos llevan a .... y a ....

MANUEL P. 142

Le participe passé

A Complète les tableaux.

Verbes réguliers

CANTAR	COMER	PREFERIR
↓	↓	↓
cant....................	com........................	prefer....................

Quelques participes passés irréguliers

hacer	*(faire)*	→	....
....	*(dire)*	→	**dicho**
escribir	*(écrire)*	→	....
....	*(casser)*	→	**roto**
ver	*(voir)*	→	....
....	*(ouvrir)*	→	**abierto**
cubrir	*(couvrir)*	→	....
....	*(mourir)*	→	**muerto**
poner	*(poser)*	→	....
....	*(revenir)*	→	**vuelto**

• Les verbes de la même famille sont irréguliers aussi.
proponer (*proposer*) → propuesto
descubrir (*découvrir*) → descubierto

B Essaie de retrouver le participe passé des verbes suivants.

describir *(décrire)* → ....
prever *(prévoir)* → ....
disponer *(disposer)* → ....
suponer *(supposer)* → ....

Le passé composé : *haber* + participe passé

	haber
(yo)	....
(tú)	....
(él/ella/Ud.)	....
(nosotros/as)	....
(vosotros/as)	....
(ellos/ellas/Uds.)	....

C Complète les exemples suivants.

canto → he cantado
comes → has ....
sube → ....
hablamos → ....
podéis → ....
viven → ....
escribo → ....
ves → ....
pone → ....

Le superlatif

Le superlatif absolu ↓ **muy**	*Le superlatif relatif* ↓ **el más/la más**
Este animal es **muy** peligroso. Esta alumna es **muy** simpática.	Este animal es **el más** peligroso de todos. Esta alumna es **la más** simpática de la clase.

D Réponds aux questions en donnant ton avis personnel.

1 ¿Cuál es el animal más simpático? → A mi parecer, ...

2 ¿Cuál es el animal más antipático? → A mi parecer, ...

MANUEL P. 147 · INTERACTIVO · Vers A1

Leer

Domaine du socle : 1

1 Je peux comprendre un texte qui parle d'un anniversaire.

Lee el texto (p. 147) y completa.

1. Lucía y Aitana son hermanas. La más joven es ....
2. ¿Cuántas niñas van a venir a la fiesta?
   ❏ una ❏ siete ❏ veinte
3. ¿Le gustan las invitaciones a Aitana? Apunta la expresión que lo muestra.

Escuchar y comprender

Domaines du socle : 1 et 2

2 Je peux comprendre la présentation orale d'un peuple d'Amérique latine.

Los quechuas

MP3 PISTE 71

Escucha la grabación y contesta.

1. Los quechuas son ....
   Usan un animal de carga que se llama ....
2. Se habla de diferentes prendas de los quechuas. Di cuáles son.
   ❏ los zapatos ❏ las faldas
   ❏ el jersey ❏ el sombrero
   ❏ el bolso ❏ el poncho
   ❏ el chal
3. En tres países, el quechua es lengua oficial en todo el país. Di cuáles son.
   ❏ México ❏ Perú
   ❏ Argentina ❏ Ecuador
   ❏ Chile ❏ Guatemala
   ❏ Bolivia

Domaines du socle : 1 et 2

3 Je peux faire, par écrit, le portrait d'une personne.

En esta unidad, hay varias fotografías que representan a indígenas de América Latina. Elige una y descríbela por escrito. Tienes que escribir por lo menos tres frases.

La foto que elijo está en la página ....
Representa ....
....
Observo que ....
....
....
Lo que me llama la atención es ....
....
....
Me parece que ....
....

Grille d'autoévaluation

	Maîtrise insuffisante	Maîtrise fragile	Maîtrise satisfaisante	Très bonne maîtrise
Je peux comprendre un texte qui parle d'un anniversaire.				
Je peux comprendre la présentation orale d'un peuple d'Amérique latine.				
Je peux faire, par écrit, le portrait d'une personne.				
Je peux présenter oralement un lieu touristique d'Amérique latine.				
Je peux parler des traditions des indiens d'Amérique, présenter mon avis et écouter celui des autres.				

Imprimé par l'imprimerie Clerc
N° d'imprimeur : 15065 - Dépôt légal : août 2016
N° d'édition : 70119723-06/mai 2022